비질하다 주운 하루

정상순 시집

비질하다 주운 하루

도서출판 창세

혼잣말

산다는 것은
살아간다는 것은
마치 주먹 안에 쥔 모래알같이 손가락 사이로 술술 새나가
흘려보내는 것이라고 지금 알았다.
여든여덟 해를 걸어오면서 짊어지고 온 내 업보 너무 무겁다.
휘청휘청 지친다리 힘겹다
이젠 좀 덜어내야지 싶다.

삶의 보따리 내려놓고 주섬주섬 뒤져본다.
맨 처음으로 버릴 것, 허접쓰레기 같은 암덩어리 자존 버리고
허세와 위선과 오만 미련 없이 버리고
그리고 무위의 나날들 - 버릴
작심하고 빗자루 들고 나선다.
쓸어내다가 녹슨 동전 한 개 줍듯.
흙 묻은 시 하나 줍는다.

• 차 례 •

005　혼잣말

첫째 ①

013　4월이 오네
015　세시풍속
016　벚꽃주의보
017　개나리
018　자목련
019　4월에
020　봄봄·1
021　봄봄·2
022　봄봄·3
023　봄봄·4
024　가로수 꽃말
025　박꽃
026　칸나
027　코스모스
028　코스모스 연가
029　들국화
030　시월연가
032　억새의 손수건
033　비 온 뒤
034　배꽃

둘째 2

037　낮달·16
038　낮달·17
039　낮달·18
040　낮달·19
041　낮달·20
042　낮달·21
043　낮달·22
044　낮달·23
045　낮달·24
047　낮달·25
048　낮달·26
049　낮달·27
050　낮달·28
051　낮달·29
053　낮달·30
054　낮달·31
055　낮달·32
056　낮달·33
057　낮달·34
058　낮달·35
059　낮달·36

셋째 ③

063 　내가 빈센트의 구두를 신고 가다
065 　초파일에 부처님 오시네
067 　긴 끈
069 　온전한 하루
070 　어떤 이별
071 　낙조
072 　병상일지 · 1
074 　병실에서
075 　아파봐야 안다
077 　집으로 가는 길 · 1
078 　집으로 가는 길 · 2
080 　집으로 가는 길 · 3
081 　길위에서
083 　황혼에
085 　묘비명
086 　추억을로 가는 길 (유승규 문학제 헌시)
088 　고별사告別辭(창운 김용재 시인 영전에)
090 　배인환 시인에게 드리는 시
091 　강우식 시 「그리움」 보고 쓴 시

넷째 4

- 095 고사연
- 097 밤 안개
- 098 보물섬
- 099 미완
- 100 절간에서
- 101 보시
- 102 방류
- 104 무제
- 105 과도
- 106 눈오는 날의 풍경
- 107 나이
- 108 눈오는 밤에
- 109 방귀송頌
- 110 떨이
- 112 내일을 향한 OCTAVE
- 114 종각
- 117 후가
- 120 빌딩설화
- 124 단풍

첫째 **1**

세시풍속

이 봄 우리 집 안마당에
한꺼번에 꽃들이 들이닥쳐 아우성이다
건망증인가
뒤죽박죽 앞뒤 순서를 까먹었나
산수유 개나리가 피고 나서 목련 피고
진달래 산벚 복숭아꽃 피어나거늘
질서가 무너진 세태가 여기까지 범람한 것일까
그래 잘났어 권좌의 불빛 찾아 부나비들 날아 보지만
우수수 떨어진다
봄날 앞 다투어 투신하는 꽃들의 절망을 보았는가
올해 바람은 성질도 사납다

벚꽃 주의보

4월의 길가에 벚꽃들의 함성 무성하다
서로가 몸뚱일 부둥켜안고
아무도 알아들을 수 없는 수화 같은 음색으로
남도소리 완창이다

온 세상 하얗게 색칠해 놓고
내 마음 울렁증 안에 향기로 숨어드나
나는 숨이 막혀 그 자리에 서서
오도 가도 못 하네

황홀경도 병이 든다
그래 중병인 거 맞네

개나리

때 이른 봄날
누가 내 울타리에
노-란 치자물 한 동이
쏟아부었을까

황금색 수繡실로
땋아늘인
동양 매듭

치렁치렁 발끝까지 늘어뜨리고
무대 위로 걸어나오는
봄.

꾸르륵-
산비둘기 울음소리에
쫑긋 귀가 선다.

자목련

붉은 혓바닥을 내민다고
뱀이 될 수 없다는 걸 너도 알잖아
봄이 오는 소식 먼저 듣고
솜털 보송 난 맨발로 뛰쳐나온 아침
진노랑 꽃술 달린 족두리 쓰고
붉은 원삼 쓸어내린 초례청 위에
수줍은 아미
먼데서 찾아온 바람 신랑
그 푸진 가슴에
그만 진수정빛 옷고름을 풀어 헤쳤네
꽃뱀이 핥고 간 와인 잔에
진한 적포도빛 향기
그대의 살 냄새였나
취한 봄이 유흥에 못 이겨 그만 방사를 하고
꽃그늘에 눕는다

4월에

복사꽃 푸진 그늘 아래 나 누울래
발그스름 젖무덤 같은 봉곳이 솟은 꽃잎 안에
갈색 짙은 젖꼭지 꽃술
흠뻑 빨아먹고 기지개 켤래
울 엄마 무명 적삼에 밴 땀 냄새 젖 냄새
젊었을 적 울 엄마 박하분 냄새
바람아 저승 나라 먼 세월 지나오면서 묻어온 그리운 냄새
온 세상 향기로 뿌려 복사꽃 피게 하네

봄봄 · 1

남도 가는 길
빗속에 키 작은 나무들.

모가지가 휘도록
꽃잎을 이고

더러는 하얗게
더러는 발갛게
무더기, 무더기
복사꽃 오얏꽃

한 발 자국씩
세상 밖으로 걸음마 내딛는
봄, 봄.

봄봄 · 2

빗속의 초록
접은 날개 떨며
한마디씩
허물을 벗어 던진다

겨울 감기처럼 쿨럭쿨럭 기침하는 아침
털갈이하는 짐승처럼 웅크리고 있다가
살며시 눈 떠보는 들판
파랗게 힘줄 세우고
출발의 신호를 기다리고 있다.

봄봄 · 3

유채꽃 밭
노-란 융단 위에
바람이 눕는다
하늘이 눕는다.

온 들판에 아른아른
아지랑이 번지는 졸음
오월 눈썹 위에
나비 한 마리 날아와 입맞춤한다.

가슴속에 스며든 노란 꽃말 하나
말할까 말까
세상이 하루종일 멀미를 한다.

봄봄 · 4

빈 밭고랑 사이사이 비집고
보푸라기로 일어서는 너를 찾아 나섰다
언제 땅속으로 숨어 들었나
고운 흙가루 빵처럼 부풀어 올라서
어린 잔뿌리들 간지럼 태운다
푸른 하늘에 걸려 있던 흰 구름이
솜사탕인양 부풀어 오르면
산벚꽃 튀밥처럼 몽오리들 하얗게 터트린다
누가 시계바늘을 내 마음 가까이 갔다 놓았는가
꽃향기에 취해 게슴츠레 눈꺼풀 풀어진 사월이
내 허파를 풍선처럼 불고 있다
봄은 베이킹파우더 한 봉지 몰래 훔쳐 먹었나 봐

가로수 꽃말

아낙네 거무튀튀한 삼베적삼에 밴
구슬 같은 땀방울 떨어져 흥건하다
쌀밥 한 술 자식 입에 넣어주던 흐뭇한 미소가
아침햇살 건너뛰며 이팝나무 웃음소리로
하얗게 피어난다
언제부터던가 은행나무 대신 거리로 나온
단정하게 머리 빗은 저 가로수나무
푸른 잎들 사이에서 너도나도 얼굴 내밀고
말 배우는 이팝꽃

엄청 큰 질그릇 자배기에
상추며 정구지 미나리 어린 열무 등 푸성귀 듬뿍 넣고
밥 비벼 먹고 배 불러라 하던
오랜 세월 잊고 살았던 내 어린 날의
그리움을 불러온다

배고픔을 달래던 이팝나무 전설 같은 꽃 이야기
5월 푸른 하늘 아래
안개꽃 되어 자욱하다

박꽃

날 저무는 하늘가에
하얗게 돋아나는
별이었다가

저녁 바람에 실어보낸
휘파람 소리 같은
웃음이었다가

저 앞산에 보름달 둥실
떠오를 때쯤
흰나비 떼로 몰려
날갯짓 접어놓고
내려와 앉은
숨이 멎은 이 고요.

칸나

악-
소리지르며 일어서는
개화開花.

눈이 아프도록 붉은 빛깔로
혈서血書를 써 놓고
분신焚身하는 꽃

태양을 향해
꼿꼿하게 머리를 세우고
화살을 쏘아대는
또 하나의 반란

여름이 일제히 일어서서
기립 박수를 한다.

코스모스

야위어서 길어진 모가지 위에

가을 한 접시씩 머리에 이고

한들한들 그녀들 오고 있다

나는 고향 하늘 은하수 딸린 별 마당 보러 가자는 약속 기다린다

아름다운 동행

코스모스 연가

별에게 가고 싶어
가녀린 긴 팔 뻗어 하늘을 잡으려 한다
살랑살랑 꽃송이로 손수건 흔들어 본다
내려다보는 아름답게 반짝이는 그대 눈동자
마주 보다가 흠뻑 빠져버린다
새하얀 소지 안에 분홍빛 마음 담아
산같이 쌓아올린 노란 그리움
잎사귀 머리카락 갈래갈래 빗질하며
닦아놓은 그림자 밟고 오소서 그대여
이 밤에 내리는 이슬은 누구의 눈물인가
기러기 떼 끼룩끼룩 울고 간다
몇 먼 광년 사이 두고 하염없이 바라보는
아득한 약속
단 한 번도 입맞춤 허락받지 못해
그 자리에서 정물이 된다
바라보는 애달픈 사랑이 세월로 굳어
코스모스 지상의 별이 된다

들국화

그 애잔한 눈짓으로
말하는가
그대여.

보랏빛 꽃을 이고
여윈 모가지
오늘은 카리브의 해안을 꿈꾸는
하늘을 향해
미소 짓고

길섶에서나 들녘에서나
지천으로 피어서
갈대 손짓에도 흔들리는
저리도 여린 마음

바람이 빈 들판에서
고래고래 짖어 대는 밤이 오면
억새풀 사이로
쓰러지듯 고개를 파묻는다.

시월연가

나 귀밑머리 곱게 풀고
그대 곁에 누우면
나무가 될까

질퍽한 푸른색 알갱이 모두 떨구고
검붉게 피멍든 손바닥 흔들다가
그마저 바람에게 주고나면
가진 것 없는 당신

빈손의 그대
낮달의 품속에 빗살무늬 아른아른
세월을 가두고 돌아서면
내 그리움 노을 속에 붉게 탄다

숯덩이로 꺼내온
우리 사랑

푸지직 아직도 꺼지지 않은
불씨 하나 가슴에 품어 안고
후줄근히 빗속을 젖으며 걸어와
홀로 눕는 그대
＞

가을 산을 껴안고
물 소리 바람 소리 새 소리
데려와 함께 누워서
나도 나무가 될래

억새의 손수건

억새는 말하고 싶었어요
하얀 손 내밀어 수화로
바람에게 전할 말 온몸 흔들며
춤으로 쓰는 이 한 줄의 시
가을의 마지막 편지이었나
대청호 늪가에 무명수건 벗어 두고
낙엽이여 안녕 세월이여 안녕
나는 아직 이별도 준비 못했네

억새는 흐느끼고 있어요
빈손 흔들며 텅 빈 가슴으로
노을에게 전할 말 한숨소리뿐
춤으로 부르는 바람의 노래
가을비에 젖은 그림자였네
단풍든 산천에 별빛 한줌 뿌려놓고
풀벌레여 안녕 찬 서리여 안녕
나는 아직 눈물도 닦지 못했네

비 온 뒤

　회초리 든 손이 세차게 매질을 한다
　소리들이 소리들을 데리고 함께 뛰어내리는
사랑스런 낙하
　세상의 오염에 노한 하늘의 응징을
　나는 아무 생각 없이 빗소리로 듣는다
　나뭇잎과 풀꽃들·험상궂은 바위 얼굴까지
　말끔히 씻겨주는 샤워의 시원함이
　더러운 것들을 무리지어 데리고
　아래로 아랫동네로 이사를 가는 것을 지켜보고
있다
　깜빡 잠들었다가 눈 떴지
　모래들의 갈증이 용각산을 먹은 듯 잠잠해지는
오후
　햇볕에 영근 오색 빛 보석을 담은 물방울들이
　처마 끝에서 발을 치고 나를 기다리고 있다
　이제 살 만하다

배꽃

눈이 내렸나 봅니다
세상을 하얗게 덮었어요
손이 시렵습니다
마음까지 살짝 시려오네요
간밤, 누가 와서
옥양목 한필 하얗게 빨아 널어놓고 갔나요
다가서려다가 멈칫
자국이 남을까봐 망서립니다
안개로 퍼지는 저 무색의 향기
때 묻은 내 마음
뽀얗게 씻겨놓고 갔네요

둘째 2

낮달 · 16

허공을 저어온 쪽배
어디서 낚싯대 잃어버리고
어조의 꿈만 부풀리고 있다

낮달 · 17

전생에 내 집 항아리였을 보름달
가득 차면 비우고
비면 다시 채우는
불가해하여라 하늘마음
황막한 우주공간 헤매는
외로운 길 방랑의 길
윤회의 수레바퀴 억 겁을 돌아돌아
처음 자리 되찾은 일그러진 내 집 항아리
집착도 버리고 욕심도 내려놓고
빈껍데기 그림자로만 살다가
새하얀 바가지탈 분칠한 채 성큼 걸어온다
창백한 입술로 풀어내는 영험한 주술이
죽비 되어 나를 때린다
비수에 찔린 생살
아프다

낮달 · 18
- 하현

무량전 처마에 기댄 채
하얗게 질린 얼굴로
무엇을 엿듣는가
풀숲에 이는 바람 소리에도
소스라치게 놀란다
숨차게 달려온 새벽
빈 하늘에 걸려 넘어진 상채기
피흘려 파르르 반원을 그린다
상처는 또렷한 반점으로 남아
울음인지 웃음인지
떨고 있는데

낮달 · 19

거울 속에서
비어 있는 달빛
서걱서걱 마른 풀로 돋아나
저리 쏠리더니
빛 바랜 하얀 그림자로
쫓기는 한나절

바른 기침 소리
폐부에까지 차오르고
각혈의 메시지 번져
얼룩지는 공동에
풀벌레 울음 같은 은유
시간 속으로 동행하는
저 어둠의 목소리

무명은 껍질 속에서
아직 부화할 기미가 없다.

낮달 · 20
- 하현

풀 없는 무덤가에서 누가 호곡을 삽질하고 돌아서는가
어둠을 구걸하는 허망한 소원을 하늘 가득 펼쳐 놓고
열 없는 체온으로 굽은 등허리를 덥히며
오늘도 먼 길 걸어온 허기진 발자국
마른 입술을 열어 하고 싶은 말은
오랜 세월 견뎌온 여독이었을까
하루 또 하루 삼백예순여덟 번 윤회의 바퀴에 실려 온
한 달 내내 몸은 불었다 여위고를 반복하며
영혼은 잠깐씩 땀으로 젖다 깨어나는
형벌 같은 운명을 사슬로 묶어 포물선 위에 던져두고
오늘도 여명이 동트는 서녘하늘에 매달려 하얗게 떨고 있구나

낮달·21

누가 저 강 건너다가 빠져 죽었나
넋을 건지려고 걸어놓은 무명천 자락
구름이듯 일렁거린다

휘어이 휘이
앞산도 넘어 저 멀리 퍼지는
초혼제 아득히 부르는 소리
적막한 허공에 우수수 떨어진다

혼백은 어디에 두고
빈 메아리만 되돌아오는가
물먹어 허옇게 불은 고무신 한 짝
나룻배 되어 떠내려 오고 있다

잊을 만하면 또 내 몽유병 도진다

낮달 · 22

거울 앞에 섰다
일그러진 표정 위에 겹친 희미한 웃음소리
파랗게 날 세운 은장도 하나 거머쥐고
허공의 벽 허물어 길을 내고 있었네

날마다 조금씩 여위어 가는 모습
가면 뒤에 숨어서 신새벽길 떠나는
외로운 행선 길엔 바람 소리만 동행하는가

끝도 없이 가고 또 가도
허무의 물거품 파도처럼 밀리는데
어둠이 남몰래 스며드는 이 물가에 서서
나 홀로 쌓아 올리는 돌탑 하나
소원은 천년 세월에 모래알로 흩어지고

내 사랑의 정표
평생을 간직한 은가락지 한 짝 깨어져 떨어진다

거울 속 미로엔
낭상의 그림자 홀로 서 있네

낮달 · 23

저기 방랑시인이듯 걸어오는 이
어느 절간에서 의탁하다 떠나온 걸승이던가
삭발한 맨머리 황야의 별빛이듯
아슴아슴 사위어간다

무소유의 바람소리 바랑으로 짚어지고
부질없다
부질없다
부질없다
입속으로 되뇌이는 뜬구름 같은 삼행시
해탈의 문전에서 탁발로 시를 얻어
불멸적광 제단 아래 깔아놓은 관음의 노래

나 전생의 거기 어디쯤
길 위의 나그네
평생을 걸었어도 방황은 일생을 따라다니나 보다

낮달 · 24

노을이 떠나고 난 빈 공터에서
이종수의 도자기를 만나네
흙으로 귀화하지 못한 유민의 신분으로 떠돌아다니다가
사정없이 깨부순 항아리 파편 안에
먹물 같은 세월을 쏟아 붓고 있었네

허공에 드리는 곡선의 형태 그림자 따라
미완의 불길 속에서 타고 남은
하얀 사리 한 조각
동그라미 미로 속에 가시로 박혀 있다가
방랑의 길 끝에 세워놓은 이정표 위에
돌팔매로 떨어진다

거기 어둠의 등 뒤에서 누가 부르는 소리
음각화 되어 소용돌이 속으로 가라앉을 때쯤
기도의 메아리는 어디서 헤매다가 길을 잃었는가
사금파리에 찔려 피 흘리며 떠나온
상처뿐인 내 항해

함께 따라나선 만삭의 꿈도 조금씩 허물어지고
있다

  채울수록 비어 있는
  허기 같은 하루

낮달 · 25

날마다 조금씩 낯설어지는 사이
외면하면 누가 아는 체할까
빛의 자리에서 건너온 어둠의 그늘 뒤집어쓰고
또 어느 거리를 서성이는가
허공을 쓸어안고 우는 북소리
절벽에 부딪쳐 산산조각으로 부서진다
하늘의 계시 접신하여
반쯤 기울어진 신당 하나 지어놓고
공수로 올리는 샤먼의 주문들
오래 갈망하던 소원을 빌어 올린 전생의 다리 위에서
내가 깨금발로 뛰어내리다가 박살낸 빈 바가지 한 조각
야살스레 웃고 있다
한때의 옛정이던가
흔적은 지웠어도 그림자로 남았네

낮달 · 26

초가지붕 위에서 영글었을 실한 박 한 덩이
마실갔다 돌아오는 길에 뒤돌아보니
이를 어쩌나
그 박 한 덩이 어느 몹쓸 벌레가 갉아먹고 있었네
먹다가 버리고 간 껍데기 반쪽
저녁 햇살에 널어 놓았더니
희아리 되어 허옇게 말라가고 있다

낮달·27
- 시의 저주

내 한평생
넘기지 못하고 목젖 아래 걸려 있는
허무의 가시
토할 수도 삼킬 수도 없어
무시로 찔러오는 통증의 무게
천형인 것을
평생을 앓아온 불치의 병
오늘도 한 덩어리 업보의 짐 짊어지고
시시포스의 바윗돌 되어
굴러 떨어지고 있다

낮달 · 28

빌딩 모서리에 걸려 있는
사금파리 한 조각
눈을 찔러 아프다

만삭의 몸매로 걸어오더니
날마다 조금씩 야위어가다가
하혈을 하고
빛바랜 마른 입술
가성으로 하얗게 웃는다

하늘엔 무수한 별빛들의 낙하
불 질러 모두 태워버린 아침
허물 벗어 그림자 뒤에 감추고
강 건너 어느 시간 뒤로
가뭇이 사라지려하는가

눈멀어 앞 못 보는 내 품안에도
오래 전에 감춰온
은장도 한 자루 있었다

낮달 · 29

어느 때부터던가 아이들은
별들의 웃음소리를 주우러
밤마다 이리저리 몰려 다녔다지요

하얗게 반짝거리며 흘러내리는
웃음소리의 소울
강물에 빠졌는데도 금세 복원되는
요술 같은 생명력으로
꽃으로도 피고
소 울음소리로도 날아다녔어

굴러가는 시계의 톱니바퀴가
아직 진흙빝을 다 건너기 전까지만
내버려둬요
거기까지만

해 지는 플랫폼에 서서 나는
별들의 웃음소리가 도착할 때까지
몇 백 년이고 기다리고 있을 테니까
>

세월이 참 성급하네요
아이들의 헛걸음질만 되풀이되는 동안
백발을 실어 나르는 열차는
기적소리도 남기지 않고 떠나가버렸네

그대, 그림자 되어 숨어 있었는데도 부끄러워
반쯤 가리운 하얗게 빛바랜 얼굴 모습으로
여기 바람소리만 사는 우리 동네 빈 공터에 찾아와서
실종된 별들의 기록물들을 읽고 있었네요

나의 웃음소리가
울음소리로 익어가는 내내
아이들의 발걸음을 붙잡고 있었다

낮달 · 30

거울 앞에 섰다
그곳에 사는 외로운 늑대 한 마리
허공을 향해 무엇을 짖어대는고
목울대 길게 빼물고 밤을 우는 동굴 같은
그 울음소리는
어둠의 파편 되어 천 리 사방으로 흩어진다
외눈마저 찔려 피 흘리며 떠나온 뱃길이기에
빈혈로 도진 어지럼증 허옇게 말라가는 시선
빈 배 되어 떠내려가고 있다

낮달 · 31

해안의 저 끝에서 누가 부르는 소리
하얗게 소복을 하고 노을을 건너는 여자
눈시울 붉어질 사연을 챙겨들고 이사를 간다
어디론가
창밖은 희뿌연 저녁 햇살들 무리지어 춤을 추고 있었는데
고요가 숨죽이고 쉬어가는 이 시간에
길 떠난 그 여자
피사체로 걸려 있는 모네의 유채화 뒤에서 자해를 하고 있었네
아무도 이 벌판에
그림자를 남기지 않는다
다만
천 년을 걸어온 바람의 발자국들이
허공의 벽을 허물어 길을 내고 있을 뿐
강물을 가르며 헤엄쳐 떠나간 그 여자의
새파란 웃음소리
비수되어 내 가슴을 겨눈다

낮달 · 32

해 저무는 어둑한 물가에
고깃배 한 척
빈 배 혼자 두고 사공은 어디 갔나

고물에 부딪친 바람이
나그네 되어 하염없이 기다리는 선착장엔
우수수 가랑잎 된 세월이
호젓이 노를 저어 떠나가네
별이 된 코스모스 등불을 켜는 들녘에서
누가 나를 부르는 소리
뒤돌아보면 외로운 그림자만이
쓸쓸히 따라올 뿐

아무도 말해주지 않네
그대 떠나가는 길목에서
하염없이 비에 젖는 그리움 한 조각
강물에 흘려보내며
하얗게 웃고 서 있는 내 모습
거울을 본다

낮달 · 33

울고 있는가 웃고 있는가
그대 열린 입술
빈 하늘 가득히 바람으로 재워놓고
진수 사리 한 알

세상사 인간사
억만 갈래 인연의 끈 끊어놓고
거울 앞에 마주한 최초의 자유

아, 나는 그대의 피안에서
만월을 잉태한 채 황금빛 비늘을 단
나부裸婦이고 싶어라.

낮달 · 34

저 허공에 높이 날아
울음으로 사는 학이여
흰 날개 곡옥으로 다듬어
삼백예순다섯 해를 살다가
허무하게 져버리는 꽃잎의 눈물로 매달려 있었네
허수아비 빈 가슴에 깃대를 꼽아 놓고
날아올라라 둥둥
북소리의 오열, 학이여
그대 그림자로 가리워진
포물선 위에 박힌 사념의 조각들이
지금도 내 가슴 벌판 여기저기에
낙석으로 떨어지고 있다

낮달 · 35

저녁노을에 젖은 물결 위에 떠 있는 목선木船 하나
시를 꿰어 세월을 낚는 어조魚釣의 꿈이
포물선 따라 길어지고 있다

낮달 · 36

잘 익은 수박 한 덩이
반으로 자르고 그 반쪽 엎어놓고
잘게 잘게 쪼갠다
빨간 수박 속 정신없이 갉아먹고
창밖으로 그 껍질
휙 던졌다

초나흘 눈썹달이 넙죽 받아먹고
빙긋이 웃는다

셋째 3

내가 빈센트의 구두를 신고 가다

고흐의 신발끈은 참 무례하다
별에게로 떠난다는 기별만 해놓고는
여태 도착할 시간은 알려주지 않는다
그뿐이랴
그 먼 행선지에 닿을 유일한 통로
구두끈으로 엮은 줄사다리도 마련해놓지 않았어
들불처럼 번지는 주황색 울렁증을
배경색으로 칠해놓고
게으른 날들을 뱀처럼 땅바닥에 뉘어놓아
정물로 굳어버리다니 누가 믿겠는가
너덜너덜 다 헐어빠진 저 신발을 신고 떠나는
'별이 빛나는 밤'에로의 무모한 여행
한숨 같은 고단한 바람이 밑창을 뚫고 올라와
야윈 복숭아뼈랑 딱딱하게 굳은 발톱들을
애무히다 돌아서서 가고 있었네
아무것도 그의 허기를 채울 수가 없었어
늦가을 풀들이 말라가듯 영혼의 건기가 찾아오면
색을 저주하는 광기만이
캔버스 가득 강물처럼 출렁거릴 뿐

세상의 멀미 노랗게 짙어지는 벌판에 새파랗게
날 세운 물감을 쏟아 붓고 기다리고 있는 중이야
인고의 세월을 담고 걸어온 고단한 삶을
화폭 가득 펼쳐놓고
일그러진 자화상으로 거울 앞에 돌아오는
빈센트 반 고흐여
그대의 낡은 신발 한 켤레로
또 얼마나 많은 시간을 걷고 뛰며
가난을 날라 올 것인가
갈등으로 쌓이는 나의 시선에 채찍으로 남아있는
1886년의 신발 한 켤레
내 아픈 발가락이다

초파일에 부처님 오시네

농수산물시장에서 단호박 한 덩이 사왔다
장마당에 나오는 날은 단호박
카키색 얼룩무늬 군복차림으로 중무장했네
능선에서 골짜기까지 다져놓은 단단한 진지
성안에는 누가 살고 있기에
경계태세 저리도 삼엄할까
식칼로 찔러보지만 난공불락
흥부네 박타듯 망나니 효수하던 칼솜씨로
우주 닮은 둥근모양의 호박 반으로 쪼갰다
아 세상에서 제일 아름다운 자궁 속 풍경
왕궁 속은 찬란한 금빛 세상이다
그 속살 안에 매달린 황금주화
제 유전자 날개 달고 별이라고 말하네
내 꿈은 오직 하나
씨앗으로 태어나 싹트고 이파리 키워서
넝쿨로 오르다가 열매 맺는 한 생애
더는 바라지 않는 욕심 없는 한해살이
노랗게 익은 부드러운 단맛
아낌없이 건네주고 저 할 일 다 했다고
쟁반 위에 눕는다

무량의 보시
부처가 여기 있었네

긴 끈

수미산 산 그림자
1206호실 창문 앞에 와서 유리창을 두드립니다
가느다란 링거 줄에 매달려
목숨의 곡예를 하고 있는 것을 지켜보고 있는 동안
빨간 볼펜으로 핏물이 든 글씨들을 심장에 적어 놓고 있었지요
재깍재깍 새로 끼운 판막의 문짝이 열고 닫히는 소리
숨차게 시간을 걸어오고 있네요
아무것도 해줄 수 없다고
갖은 게 아무것도 없다고
수미산 한동안 우두커니 서서
안을 들여다보다가
슬그머니 어둠속으로 사라져가네요
나는 지금 어느 간이역에서 서서
뒤늦게 출발한 기적소리를 기다리고 있을 게요
빈 손의 염치가 수염처럼 돋아나 어설픕니다
언제일까
언제쯤일까

주치의主治醫 오더order

기다림의 시간들이 걸어오며 목이 마르답니다
아아 이곳은 사하라사막의 어디

온전한 하루

 게심심한 오후입니다
 발등에 난 상처 뜯고 있습니다
 딱지가 앉을 양이면 굳이 가렵지 않더라도 벗겨
냅니다
 한 달이 가고 반년이 훨씬 넘었지만
 그 상처 예전보다 영역을 넓혀가며 또렷합니다
 옻진처럼 찐득한 진물이 장밋빛으로 붉습니다
 가만히 들여다보면
 상처 무척 친숙해 있습니다
 따끔거리는 통증이 내 무료를 증폭시켜 주니까
 자위를 하듯 쾌감을 즐기고 있지요
 맞습니다
 오락이거나 일종의 노름 같은 거
 너무 많은 시간들이 흔들리며 떠내려가 버렸기에
 어둠을 혼자 감내하기가 끔찍이도 싫었습니다
 자해를 해서라도 감추고 싶은 내 내면의 흉터
 상처는 꽃밭입니다
 아무도 와 보지 않는 비밀의 화원
 트라우마 텃밭에서 자라는 기형의 시 한 포기
 모질게 잡아 뜯고 있습니다

어떤 이별

누가 어둠의 무게 달아 보았나요
추락하는 나락의 깊이
얼마인지 세어본 사람 있나요
무상으로 가는 그 길
처음 가르쳐준 당신
세상에서 제일 외로운 여행 떠나고서야
바람만 사는 사막 어디쯤
선인장 가시에 찔려 피 흘리며 돌아온 그리움이
눈물도 사치라고 일러 주네요

낙조

저 하늘 끝에 걸어놓은 구름
무명천 한 올
울긋한 횃불들어
해거리하는 처녀
속옷으로 감췄지

온천지 우울증 바이러스
전염시키는
노을의 병상
시벌건 신열
숨 가쁘다.

이맘때 쯤
전신 마비증세 도지는지
붉은 해가 운명할 때까지
꼼짝할 수도 없다
애만 태운다.

병상일지 · 1

바람이 까칠한 청매화 틈 사이를 핥고 지나가던
3월 하순
119구급차에 실려와
억울한 징역을 살았다

10주 진단 때린 정형외과 이상기 교수
눈 부릅뜨고 막아서던 병실문 박차고
탈출에 성공했다
겨우 2주만에

아, 저 바깥세상
꽃으로 도배를 한 향기로운 신당에
나르는 뭇 것들 날개짓 바쁘다

이 화사한 계절에
부재중인 나
하얗게 지워진 시간 속에
그림자조차도 없다
＞

봄이 조르다가 떠난 자리에
아무에게나 문자 메시지 보냈다
수신자 부담으로

병실에서

하얀 벽으로 가두는 어둠은
진한 에테르 향기 속에서 눈 뜨고
천정 높이에서 기하학적으로 춤추는 환시 하나

유예된 목숨도
비무장 지대에서 악몽을 꾸며
선고를 기다리는 죄수가 된다

오늘 하루 일상의 늪가엔
안개같은 요행의 무지개 뜨고
F층 117호 닫힌 창문엔
탈출을 꿈꾸는 음모
밤은 또 하나의 함정을 파놓고 기다리고 있다.

아파봐야 안다

가을이 떠나간다
그대가 나를 떠나던 날은
산도 바다도 노을도 강물도 다 가고 없었지
어디 떠난 것이 그뿐이랴
새울음도 풀향기도 빗소리도

툰드라에서 불어온 바람이
내 옆구리에 토굴을 파놓고 기다리는 동안
요추 제2번 압박골절 통증이
평생을 앓아온 몽유병을 도지게 하는 군

세상은 참 막막하다
그대 없는 세상
이 황폐한 유배지에서
나는 아직 이별을 준비하지 못 했네
내 사랑

수취인 불명인 채로 되돌아온 편지는.
낙엽이 되어 세월 속에 수북이 쌓여만 간다
평생을 찾아 헤매어도 만나지 못하는 그대

부를수록 사무치는 그리움인데
한 순간 스쳐지나간 그림자
나는 사랑이라 쓰고 사람들은 시라고 읽지.

집으로 가는 길 · 1

비비새 울음소리 한 다발 꺾어다
병실 창문 안으로 던져 주고 가셨나요?

가느다란 링거 줄에 매달린 곤궁한 목숨 하나
나는 이 밤
부러진 다리를 부추겨 절뚝절뚝 걷는 방법을
복습하고 있어요.

육신과 영혼이 부딪치는 불꽃 속에서
부나비 된 그대가 불쑥 길을 막고 나와
한 번 웃어보라 하시네요.

이백팔십 아홉 번도 넘게
울화를 삼킨 시간들이 헝클어져
어지러운 비로 속에
무디어진 더듬이를 앞세운 내가
떨며 있어요.

훌쩍 커버린 갈증의 코스모스 꽃대궁도
기침하는 이슥한 밤에

집으로 가는 길은 어디 있느냐고.

집으로 가는 길·2

런닝머신 계기판의 붉은 눈알이 내 아픈 다리를 재촉한다.
부러져 덧댄 뼈다귀에 계속 회초리로 채찍질한다.
30분 고지가 저만치 아득한데
빈속을 걷는 땀의 오한들이
내 머리통을 두들겨 방망이질한다.
8부 능선 여기까지, 가쁜 숨이 허덕인다.
저주인가 축복인가
밤이 불러온 암호 같은 어둠이 내려올 때 쯤
잡힐 듯 보일 듯 아득한 한 때
내가 마시고 남은 찻잔 밑의 얼룩들이 그림자로 남아 올곧이 기다리는 그곳
말라 죽지도 못해 시든 선인장 한 포기
또 있지 내가 앉았던 창가의 의자 위에
민들레 홀씨 같은 먼지들이 웅크리고 숨은 모습들
그리움이란 원래 그런 거지 뭐
밤이 차오르던 안개가 309호 7호실 창문에
요한 묵시록 책장을 덮을 때처럼 쾅하고 내 아픈 꿈을 깨운다.

집으로 가는 길 · 1

비비새 울음소리 한 다발 꺾어다
병실 창문 안으로 던져 주고 가셨나요?

가느다란 링거 줄에 매달린 곤궁한 목숨 하나
나는 이 밤
부러진 다리를 부추겨 절뚝절뚝 걷는 방법을
복습하고 있어요.

육신과 영혼이 부딪치는 불꽃 속에서
부나비 된 그대가 불쑥 길을 막고 나와
한 번 웃어보라 하시네요.

이백팔십 아홉 번도 넘게
울화를 삼킨 시간들이 헝클어져
어지러운 미로 속에
무디어진 더듬이를 앞세운 내가
떨며 있어요.

훌쩍 커버린 갈증의 코스모스 꽃대궁도
기침하는 이슥한 밤에

집으로 가는 길은 어디 있느냐고.

집으로 가는 길 · 2

 런닝머신 계기판의 붉은 눈알이 내 아픈 다리를 재촉한다.
 부러져 덧댄 뼈다귀에 계속 회초리로 채찍질한다.
 30분 고지가 저만치 아득한데
 빈속을 걷는 땀의 오한들이
 내 머리통을 두들겨 방망이질한다.
 8부 능선 여기까지, 가쁜 숨이 허덕인다.
 저주인가 축복인가
 밤이 불러온 암호 같은 어둠이 내려올 때 쯤
 잡힐 듯 보일 듯 아득한 한 때
 내가 마시고 남은 찻잔 밑의 얼룩들이 그림자로 남아 올곧이 기다리는 그곳
 말라 죽지도 못해 시든 선인장 한 포기
 또 있지 내가 앉았던 창가의 의자 위에
 민들레 홀씨 같은 먼지들이 웅크리고 숨은 모습들
 그리움이란 원래 그런 거지 뭐
 밤이 차오르던 안개가 309호 7호실 창문에
 요한 묵시록 책장을 덮을 때처럼 쾅하고 내 아픈 꿈을 깨운다.

꽉 막힌 폐쇄회로 그 문 앞에서 집으로 가는
길은 어디에

집으로 가는 길 · 3

12층 유리창 캔버스 안에
저녁 으스름 회색 물감 한통 쏟아 붙는다
길게 뻗은 아스팔트 길 위엔
빨간 립스틱 바른 후미등 입술들이
옹알이하듯 반짝반짝 말소리의 손을 치켜든다
저녁 7시 집으로 가는 길은 온통 꽃밭이다
사람 사는 세상, 인연으로 줄을 엮어
따스이 녹은 마음의
꼬리를 길게 흔들며 가고 있다
설레임을 데리고,

길 위에서

비온 뒤 벤치 위에 나뭇잎 한 장
눅눅한 온기로 바람을 불러 모으고 있다
어쩌다 지나가는 이
헛기침 소리로나 깨어나고 싶어
무성영화 같은 침묵의 기다림

지친 내 육신을 목질의 그대 품안에 누이면
그대는 향내 나는 관이 될까
흔들리는 생각의 입자들이
자꾸 자세를 바꿔가면서
꿈틀거리며 기어 나오고 있다

 누군가의 핸드폰 속에서 흘러나오는 문자의
비음들이
 무위의 시간들을 톱질하다가 돌아가고 나면
 텅 빈 병실에서 온전히 견뎌야할 내 몫의 통증들
 수전증 앓는 나의 왼손은 떨림을 멈추려 애쓴다

 몇 번이고 자해를 감행하던 내 오른손을 용서
해야지

과거의 아득한 기억들이 웅성거리는 머릿속을
탈출한 싯구 하나
바이올린 G선상 음계 위에 올려놓고
돌탑 꼭대기에 돌 한 개 얹어주며
합장하고 기도하는 마음으로
나 길 떠나고 싶다

빛이 떨어지는 속도로 시간의 궤도 열차는
멈출 줄 모르는데
종말에 대한 오해도
편견을 고집하던 집착도
오늘 밤 세월의 풍화에게 모두 맡겨버리고
빈손의 지문 위에 방명록 한 줄
바람소리 늪을 지나가듯 적어 둘거나

착시의 가로등 불빛 하나
창밖을 서성거린다

황혼에

가슴이 막 옥죄어 오는 그리움으로
저 하늘가에 걸렸네.

너 떠나고
오래 오래 비워둔 마음 자리에
더껑이 져 굳어버린 아픔

긴긴 세월로 녹여
물감으로 풀어 쓰면
저 색으로 번져나올까

눈이 아려
바라볼 수도 없어
어쩔 줄 모르고 울어버리면
눈물로나 엷어지려나
저 주홍색의 슬픔은

저녁나절 길가 옥수수밭에
부수수 이는 바람
새떼들 높이 날아
아득해지면
〉

그때 너와 나
저 하늘 끝 맞잡고 서서
불타는 낙조되어 돌아오리니

나의 하루는
찬란한 너울 쓰고
우수보다 더 아득할
노래되어 찾아 오려나

묘비명

　바람소리 베개 삼아 나 누워 있을래
　구름 한 자락 끌어다 덮으면 한결 따뜻하겠지
　새소리, 귀울림 오래 앓아 지병이듯 친근한데
　여울물 떠내려 오는 소리에 섞여 내 한숨소리도
가라앉고 있네
　별빛 부서져 내려 온 산에 등불 켜는 저녁
　비래골 덤불 속에 숨으면
　내 한평생 숨바꼭질 꼭꼭 숨어라
　이 평화

추억으로 가는 길
- 류승규 문학제 헌시

가을이 손 흔들며 달려오는 부수무니 굽은 신작로 길을
열아홉 총각 재만이 아재 꼴짐 지고
내려오는 거 만날는지 모르지

억새꽃 하얗게 피어 구름바다 이루는
고리산 산등성이 위로 러브레터처럼 달콤한 달 뜨면
처마 끝에 여치소리 걸어놓고 등잔불 돋우어
글 짓는 그의 그림자 만날는지 모르지

우리가 고단한 시절을 낭만이라 부르던
광화문 네거리 월계다방
삐걱거리는 나무계단 오르다가
행여 글쟁이 승규 님 세월 되돌려 만날는지 모르지

추소리 토박이 문화 류씨 재만이 아재
노란이마을 동래 정씨 수택이네

겹사돈지간이지만
그냥 쉽게 어린 나는 아재라 불렀어

가끔 심부름 오다가 보리똥 붉은 가지
꺾어다 줄 때가 제일 좋았지

삼십여 년이 지난 어느 날
『자유문학』에서 만나 남정현 박영숙 함께
산동네 골목길 오르고 올라
루핑지붕 물 새는 셋방에서 먹던 수제비 그 맛
지금도 아련히 혀끝에 남았네

낙향하여 살으신 지 오랜 세월 지났건만
찾아보지 못한 한스러움 가슴에 맺히어
오늘 임의 글비 앞에 하염없이 주저앉아
그리움을 달랩니다

고별사告別辭
- 창운 김용재 시인 영전에

꿈속에서도 한 번 안 오더니 먼 길 떠났다는 소식
빈 내 가슴에 징소리로 울리네
대청댐 오백 리 길, 칠 선녀 팔 선녀 거느리고
주막집 목로마당 찾아가 풍월 읊조리다가
영평사 주지스님한테 가
사하촌寺下村에서 얻어먹던 육고기국
주렁주렁 추억들
오늘밤은 빗물 되어 떨어지네
청동빛 푸른 등껍질에 백년 묵은 바다거북
뭍의 대전에 올라와서 시의 멍석 깔아놓고
글벗내야 후학들아 불러 모아 노래하던 때
언제던가
한양천리 서울 올라가서
한국시문학문인회장·한국현대시인협회이사장
국제펜한국본부이사장·국제계관시인연합한국
회장……
아픈 몸에 큰 일 도맡아 곱고 차진 열매 맺어
놓고
떠난단 말

이별이 아픈 눈물이라고 하지만
내겐 야속하고 분할 뿐이라네
여보시게 창운
가시다가 외롭거든 뒤돌아 보고
눈짓 한번 던져두고 가시게나

배인환 시인에게 드리는 시

하얀 버선발로 내디디는 춤사위
학으로나 오시려는가
먼 하늘 내려와 함께 어우러지는 우리네 가락
길게 여울져 흐른다
숨 한번 모아 쉬고 발걸음 옮길 때 마다
세월도 멎어있는 듯 느리게 흔들리는 시의 울림
내 가슴에 물인 듯 그리움인 듯 젖어드네
진악산 휘돌아 나온 금산의 바람이
배인환의 시를 받아 안고
용인 듯 위로만 위로만 오르고 있네
흙처럼 부드럽고 따뜻한 언어로
항아리 빚듯 시를 짓는 시인이여
이상한 향기 그윽한 하얀 종이 위에 얄궂은 그림
외로움도 그려 넣고 즐거움도 그려 넣고 강강수월래
현기증 나는 우리 사랑 길게 메아리 되어 돌아온다.

강우식 시 「그리움」 보고 쓴 시

그토록 가지고 싶었는데
바람처럼 손에 잡히지는 않고
손에서처럼 마음에서 다 바람나서
어디론가 휘발해버린
그리고는 돌아오라 해도
영영 올똥말똥 하면서 속만 태우는
오늘도 내일도 모레도 영영 그러한
그토록 가지고 싶었는데
     - 강우식의 시 '그리움' 전문

아궁이에 군불 지피고 들어앉은 아랫목이다
얼음 동동 동치미 한 사발이다
울 엄니 눈물콧물 훔치던 쉰내 나는 무명 앞치마다
뒷간 출입하던 아버지 헛기침소리다
사립문 들어서자 달려 나와 흔들어대는 우리집 워어리 살가운 꼬랑지다
송아지 팔던 날 밤새 울어대던 어미 소 우는 울음소리에 보탠
내 아픈 눈물이다
     - 정상순의 시 '그리움' 전문

>

여든 해 넘기면서 평생을 이고지고 온 내 그리움
저것들 어듸에 부려놓고 길 떠나야 하나

넷째 4

고서연

서연아 부르면
입 안 가득 봄바람이 붑니다
살구꽃 냄새가 납니다

호수에 비친 보름달
너의 아름다운 눈동자
파란 보석으로 황홀합니다

음반을 치듯 콩콩 울리는
너의 발자국 소리
별이 되어 밤마다 내 가슴에
붉은 하트 스템프 그리움을 찍습니다

아, 살짝 패인 보조개 우물
하얀 이빨 사이로 웃음이
튀밥처럼 튕겨져 나오는 날은
나는 사랑에 취해 한없이 비틀거립니다

할.머.니.-
먼 전화선을 타고 달려오는

너의 목소리
행복으로 가는 티켓 한 장
내 삶의 여정에 등불입니다

  - 할머니가

밤 안개

늬네 민들레 씨앗 같은
뽀얀 날개
다 어쨋누

별 하나 따서
맨 손에 반지해 끼고
푸른 달개비꽃 뒤로 돌아
바람처럼 숨어버린
늬네 한 옹큼의
젖은 머리카락
풀밭에 그냥 두었니

밤을 몰고 돌아다니다가
물가에 서면
미로소 피이오르는
달빛같은 선율

하얗게
하얗게
젖어오네.

보물섬

겨울과 가을 사이에서 나는 숨습니다
수풀과 나뭇잎 사이에서도 바람이 숨습니다
바다와 하늘 사이엔 노을이 숨지요
연민과 그리움 사이엔 그대 숨어 있겠지요
들키면 부끄러워질
시의 숨바꼭질
꼭꼭 숨어라

미완

겨울 한계령에 갔었네
눈꽃 가지가지
서릿발 같은 칼날에 찔려 눈 멀었네
아무것도 볼 수 없었네
모두 지워버린 텅 빈 세상
하얗게 비워 놓았네
시

절간에서

하얀 사기 쟁반 위에 달덩이 한 개씩 얹어놓고
애먼 푸른 하늘만 원망하다 지쳐 누웠네

뜬금없이 들려오는 산새 소리에
오금을 펴고 둘러앉아
잠깐씩 졸음을 쫓다가

산 비알에 떨어지는 낙엽 지는 소리에
 소스라쳐 껴안은 꽃들의 놀란 얼굴이 동그라밀
그린다

스님 염불 소리는 듣는 둥 마는 둥
저 혼자 배불러 오는 만월을 잉태한 채
바람에 기대어 기지개 켜고 일어서는
영평사 구절초 꽃들

여태 가을은 서리 마중 가서
감감무소식이다

보시

부처손이 손가락 오므려
그 안에 파란 하늘 움켜쥐고 있다
꼼지락꼼지락 쥐락펴락
말할까 입 다무를까
산바람 불 때마다 머리카락 흔들며
자유 딸린 무심으로 흘러가는 구름 바라본다
부러워 따라가고 싶다
한숨으로 뱉어 내는 입 냄새 소문에
병든 몸 나으려고 절벽을 기어오르는 절박한 사람들
슬그머니 연민 든다
내 한 몸 무쇠 솥 뜨거운 물속에서 흠뻑 목욕 재계하고
그들의 몸속으로 들어가 함께 위로해 주고 싶다
나도 위로 받고 싶다

방류

물이 떨어질 때는
저렇게 우나 보다.

오장 육부를 콸콸 다 쏟아내고
텅 빈 가슴 두드리며 우는 소리
아니야 저건 울음이 아니야

댐 속에 갇혀 살았던 지난 세월
무위로 길들여진 거짓의 평화
얼마나 억울했기에 육신을 부수는 광란의 춤사위
저렇게 처절했던가

하얀 거품 깃발로 펄럭이며
자유에로 귀향하는 행진
힘찬 낙하

뒤돌아보지 말고 떠나거라
다시는 돌아올 수 없는
삶의 여정 한 페이지

댐이라는 수용소에서 탈출한
이 순간의 기억을 지우고

떨어지는 모든 것들은 아름답다고
물의 입들
입들 부등켜 안고 소리치는 함성

육성으로 연출하는 퍼포먼스
장엄하다.

무제

텅빈 벌판에서
훠어이~ 새를 쫓는다

허수아비 앞세워
못다 쫓는 새
오늘 밤 누가 바람으로 달려와
더러는 날개 깃털 떨어뜨리고
그림자 벗어 놓고 날아간 새
흔적 찾아 이삭 줍듯
눈 굴린다
실은 이 황량한 들판에
더 머무를 새도 없건만

새 쫓는 막대 저 끝에
보이는 세상
절뚝거리며 걸어온 내 발자국
미망을 쫓는 개짖는 소리
두 귀 틀어막고 이빨 앙다문 사이
비집고 들어온 쉰 목소리
훠이 훠이
나를 쫓는다.

과도

우물 속에서 퍼 올린 한 두레박 물을
쏟아 부을 때
문득 결기 세운 물의 야성을 눈치챘을 거야

저 바람을 가르는 솔개의 날갯짓
그 날렵한 깃털의 떨림을
초승달의 감성안테나는 눈치챘을 거야

비록 몸은 사기쟁반 위에 누웠어도
비를 품은 구름 사이에서
시퍼렇게 낙뢰로 깨어나고 싶은
욕망 그 하나로
과육 깊숙이 촉수를 찌르고 있었다

눈 맑은 날의 풍경

구름 한 타래
이마에 질끈
무명수건으로 동여매고
낙엽 한 장마저 다 버리고
빈손으로 오신
겨울 산

내 손님은
물 한 사발도 마다하시네
발소리마저 지우고 찾아 오셨네
바람만 마중 내보내 놓고
긴 시간 생각 없이
기다렸습니다

나이

칠기장 닦으시던 내 어머니
어둠도 닦으면 거울이 된다 하시네
그 말씀 가슴에 담아두지 못하고.
거친 벌판 헤매며 허덕였었지
고희의 강 건너 선착장에 닿아서야 돌아보면
되새김질하는 전생의 소 한 마리
미망의 질긴 고삐에 매여
아직도 제자리만 맴돌고 있다

눈 오는 밤에

　수많은 갈가마귀 떼들이
　회색 하늘을 날다가 유리창에 부딪쳐 떨어진다
　땅 위에 쌓이는 하얀 죽음들
　바람은 안개 같은 수의를 가져다 덮고 있다
　날개를 잃어버리고 한없이 추락하는 것들을 위해
　오늘 밤을 용서해야지
　아래로 아래로만 가라앉는 내 넋을
　한참 바라보다가
　허공을 나르는 그대의 자유를 만나는 것은 행운인지 운명인지
　가시철망에 갇혀
　밤마다 울화를 토하고 토하고
　헛구역질마저 말라버린 이 사막의 계절을 떠나
　온 세상 하얗게 비워 놓은 골목 안쪽에
　나도 새로 지은 수의 한 벌 빌려 입고
　그대 곁에 눕고 싶어

방귀 송頌

터널을 막 빠져나온 시속 880km의 바람소리의 질주

팡파르를 울려라 부웅

분수처럼 품어라 암모니아 향수

주변 사람 모두 떠나버린 빈 둥지에 남아

철학을 읽는다

가득 채움의 포만감보다 더 값진 비움의 쾌락

떨이

남편 죽고 며칠 뒤
내 가진 것 모두 싸들고 장마당 나선다

첫째 날은
돈 되는 문서 난전에 펼쳐놓자마자
남들 뛰어들세라
아들놈 딸년들 서둘러 사탕 한 봉지 값으로 몽땅 사갔다
팔 것은 또 있다

둘째 날
쉬어터진 시 다발 소쿠리에 담아 이고 오일장 찾는다
아무도 쳐다보지도 않는다
시궁창에 버리고 오니 그 썩은 냄새
온 세상 진동한다
깜빡했네

셋째 날
정말 꼭 팔아야할 것 있다

오늘은 작심하고 장날 찾아 간다
세월에 부대껴 닳고 닳고 낡고 낡고 구십 평생
헐어빠진 넋 누가 사가려나
기다려본다
지루한 하루

하느님 헐값으로나마 사 주십시오
적선합쇼

내일을 향한 OCTAVE

이만치 서서
지물紙物위에 형체를 잃고
환등幻燈의 웃음이 꺼졌다 켜졌다.

암암暗暗한 눈짓이
와서 살에 닿아 꿈틀거리는데
어디 갔느냐?
벽문壁聞에 부서진 음계音階.

발밑에 절망을 되짚어
내 어머니 죄가 학鶴같이 기어가고
따로 우리는
사랑하고 싶은 하늘을 격隔해 눈을 감았다.

돌아다 보면
빈손 행렬이 무겁고
비석에 사린 원한이
소쩍새 입뿌리라니
모난 공간에 육신 혼자서 싫도록 운다.
　＞

헐어 스산한 이 묘 둘레에
묵어간 여담(餘談)은 없는가?

내 혼이 행인이 된 아침에사
훨, 훨,
꿈을 태워 보내자.

먼발치 비워둔 내장 앞가슴 헤쳐
쇠 채워 가둔 염불을
네게다 놓아주랴?

시퍼런 힘줄이 줄기 줄기 멍간
산골짜기 이슬 내린 땅!
그 푸진 입김 앞에
이제는 피워볼
내일이여.
나의 옥타브

1959년 『자유문학』 10월호 (통권 31호) 2회 추천

종각鐘閣

삼원색 응결凝結속에 누어
한 우주가 끝나는 것을 본다.

초침이 말끔히 실어간
이 시간의 목교木橋위에
잠시 빌려온 목숨에 세워보다
돌아가는 여인들.

게시판揭示板 활자들이
식은 가슴속에 쩌엉, 쩡
외로운 곡괭이질을 아로삭이고

질주와 횡단이 함부로 뒤엉킨 검무劍舞 앞에서
손가락에 침질하여
푸른 문신이 기어간
피부皮膚 바깥 하늘을 바래여 산다.

해풍에 머리칼을 올올히 풀어날려라.
한조각 쇠붙이에 묻어온 기적은
이제 출발이 지워진 위치안에
영- 화석이 되는 것.
　>

장미꽃과, 까치소리와,
기억에서 유리流離된 누우런 사진들이
까맣게 까맣게 침전沈澱하는 실험관속의 전통.

살속 깊이 울음을 배(孕)어
알몸으로
으로
마티스의 향수가 무성한 고장에서도
열 번을 카인이 못된 나-.
백지白紙와 맞선 지금은
이스라엘 백성이 묘지를 베고
평안히 잠들었을 축복받은 시간……

어제쯤 후조候鳥들 무리에서
나는 부끄러웠는데,
태고太古, 어느 길가에, 입을 대고
홍수같이 울어온 알찬 심음心音을
태양이라 믿었거니……
>

다음날 아침
해묵어 외워온 소망마져도 거둬간
바벨탑 첨하尖下엔
메시야의 투신으로, 육성 같은 꽃이 피고
가슴속으로부터 활활 꽃은 피고

삼원색 응결속에 누어
한 우주가 끝나는 법열法悅한 고통을 본다.

1960년 『자유문학』 6월호 (통권 39호) 3회 추천 완료.

후가 後歌

청개천 하나 가득
묵은 내 정맥혈靜脈血을 들여다 보다가

썩은 내음새 위에
둥둥 떠 있는 얼굴 하나 짚어
무단히 가슴 찔리다.

문득 어디서 보았을까? 저 얼굴.
전쟁 삽화의 끄실린 페이지엔 없었는데……

광야에서 탄생한 대화의 분신일까?
온몸에 치일칠
흑노黑奴의 비원을 감고
무언지 말허고 싶다는 표정이다.

오.
너는
실존문명이 유산한 고독한 신화.
＞

죄. 죄. 죄.
연속된 질주疾走위에 어푸러져
파아란 하늘을 잃는다.
손새로 술술 새나는 나의 목숨과

자꾸만 잃어버리는 하늘의 정수精髓를 용해하고
무녀巫女처럼 춤추어
상여喪輿의 홍수를 떠내려 보낸다.

오늘,
미아와, 내 가족과,
흡사한 너희들의
막극幕劇같은 해후는 이뤄지고……

시간의 정점에서 분출된
이 한가닥 차디찬 핏줄 위에 엉키어

무수히 꺼지고 일어나는
_____나는.
한알 포말泡沫.
 ＞

아듀,
아듀,
가두街頭에서 손을 흔들었다.

1961년 『자유문학』 1월호 (통권 46호)

빌딩 설화

흔들리는 지역에
친구여.
목마르게 그리운 이야기가 있다.

백주白晝가 목쉰 도심에
폭죽 솟은 바벨탑塔
씨지프의 운명을 등에 업고
이십세기 몽유夢遊는 강심江深보다 푸른데

가파로운 숨결 절벽 아래 추락墜落한
성聖호의 어지러운 잔해.
긴 손마디의
일요 아침 인사 뒤에서
육감은
제 상처를 핥아싸ㅎ다가

열대어의 공상 속으로 은밀히
칠색七色 프리슴을 불러드린 아침
부두에서 주운 한을 우연으로
비를 맞고 섰는데

어항 속의 수온을 드르고
해원海源에 누우면,
핫, 핫,
독설이 튀는
탄산수의 미각.
민감한 흰 손수건의 신경 위에 날아앉는
어둡고 추한 새여.-

창窓은 총구銃口.
서투른 겨냥에
빗나간 사각射角을 쫓아 가두에 서면
이제 와서 빌딩은
진공소제기眞空掃除器.

내기, 무수한 내가,
먼지알로 전신轉身하는 설화說話 밑에서
우리는 똑같이
고아가 되는 기원紀元을 갖는다.
>

너는 존재하는가?
최초의 발언자發言者
시간이여. 폐허廢墟여.
생식生殖의 병원病源에,
로망의 동굴에,
거미줄을 치고
천년을 살던 신화.

『------』.
빨간 신호등이 켜진
《지금은 꿈이 깰
　　　　오후 오시五時 정각.》

콘크리트 어두운 세포細胞 속에서
　우굴 우굴, 기생충 떼가 피부皮膚 밖으로 기어
나온다.
　　------ 구토의 사행蛇行.

흔들리는 지역에
친구여.
목마르게 그리운 이야기를 읽는다.

1962년 『자유문학』 12월 (통권 64호)

단풍

천만겹 아리숭한 기악의 층계 위에
나래치는 홍의紅衣
촛불의 원광圓光이……

그때
손금을 펴 길흉을 점치고
돌아와 누운 천정에 비잔틴 문명은
격激한 명인嗚咽로 뿌듯한 강물을 여는데

낮달의 수척한 품 안에 세월을 가두어
목숨의 절정에 서서
메아리 없는 대답을 기두르다
마침내 울혈한 가슴을 쥐여짜는 것
가으내- 바람소리만 길러온 행길에
되돌려 보낼 아무것도 같은게 없는데

고별告別에 앗긴 종교
염원은 손시리고.
폐허 위에 도사린
아
탑塔같은 갈채.
>

어느날 일제히 창문을 열어제끼고
폭우같은 고성으로 뉘우친 너
황제皇帝의 영화.

55호1961년『자유문학』11월호 (통권)

솔마루 詩人選·2
정상순 시집

비질하다 주운 하루

초판 인쇄 2025년 7월 10일
초판 발행 2025년 7월 15일

지은이	정상순
펴낸이	심옥자
엮은이	양태의
편 집	한철수
펴낸곳	도서출판 창세
등 록	2024년 10월4일
번 호	제2024-000021호
주 소	대전광역시 중구 계백로 1719 센트리아 오피스텔1511호
전 화	042) 256-3626
팩 스	042) 2563627
e-메일	ww05051@hanmail.net

ISBN 979-11-990383-2-5 03800
값 8,000원

*저자와의 합의에 따라 인지는 생략합니다.
*파본 및 제본이 잘못된 책은 바꿔줍니다.
*이 책 내용의 전부 또는 일부를 사용하려면 저자의 허락을 받아야 합니다.